MATCH THE SIGHT WORDS
A Memory Game

Reading Books for Kindergarten

Children's Reading & Writing Books

BABY PROFESSOR

EDUCATION KIDS

Speedy Publishing LLC
40 E. Main St. #1156
Newark, DE 19711
www.speedypublishing.com
Copyright 2017

Have fun with these
sight word exercises.
They will help to develop
your memory.

SIGHT WORDS
SET I

 big

Find and shade the word.

beat	were	big	are
big	big	her	big
eve	was	big	enjoy

Rewrite the word.

big

big

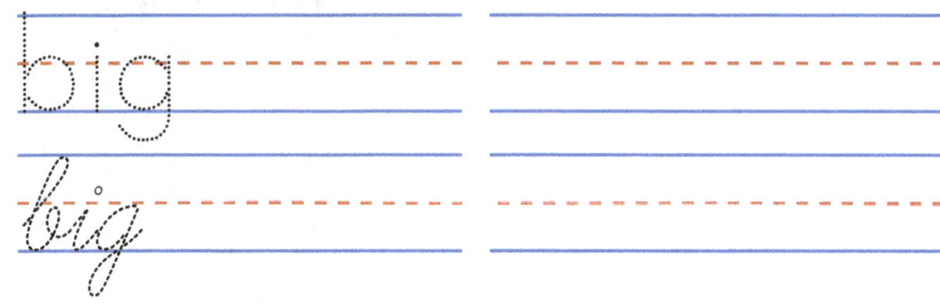

blue

Find and shade the word.

blue	will	walk	blue
blue	are	blue	have
bike	blue	is	burn

Rewrite the word.

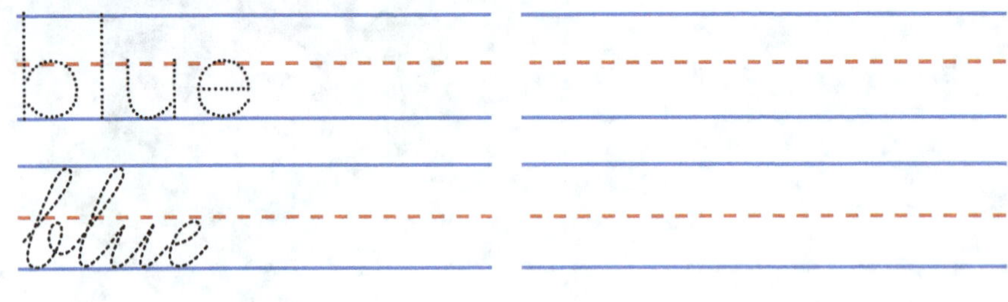

ear

Find and shade the word.

look	make	would	for
ear	ear	sweat	ear
bike	see	ear	ear

Rewrite the word.

ear

ear

Find and shade the word.

eye	right	find	make
eye	eye	how	eye
see	kids	eye	flower

Rewrite the word.

eye

eye

hello

Find and shade the word.

make	hello	hello	that
hello	hello	when	hello
was	enjoy	way	should

Rewrite the word.

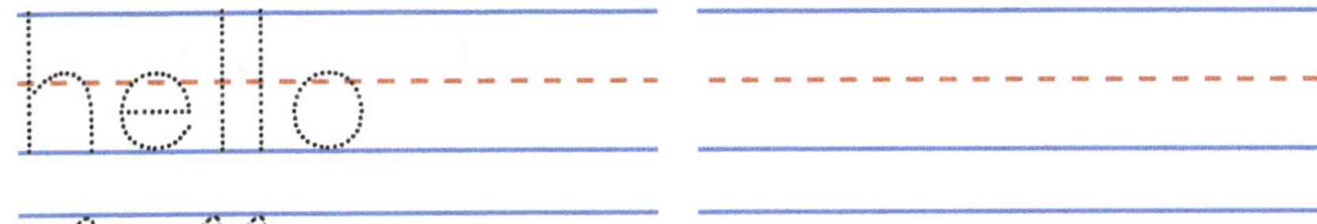

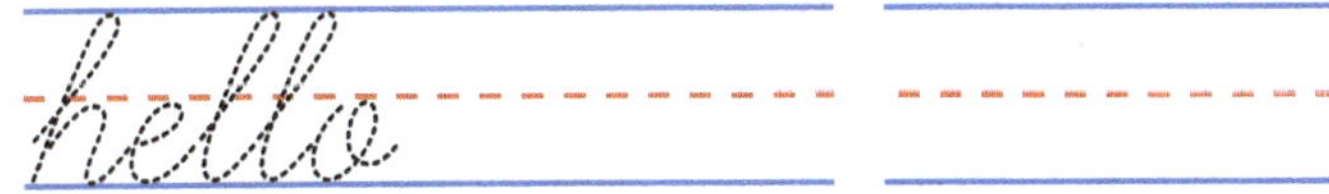

hello

hello

short

Find and shade the word.

that	burn	short	short
short	day	bike	short
out	clouds	short	when

Rewrite the word.

short

short

small

Find and shade the word.

how	bike	small	much
small	small	small	blue
better	this	small	more

Rewrite the word.

small

small

tall

Find and shade the word.

better	walk	tall	tall
tall	was	would	tall
then	flower	tall	blue

Rewrite the word.

long

Find and shade the word.

would	long	long	blue
long	enjoy	been	long
see	burn	long	should

Rewrite the word.

long

long

stay

Find and shade the word.

better	stay	give	should
stay	make	blue	stay
stay	at	stay	short

Rewrite the word.

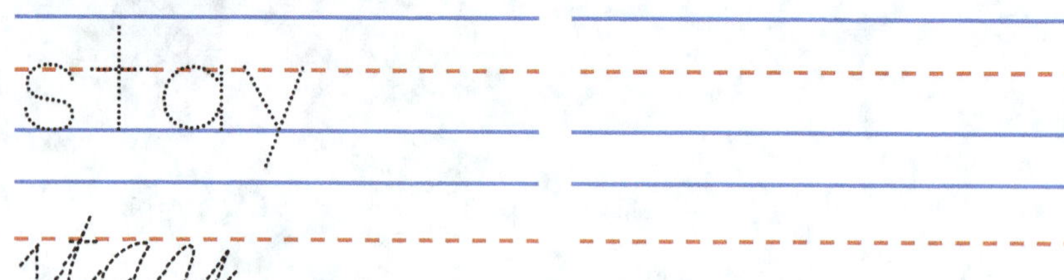

AWESOME!

SIGHT WORDS
SET 2

take

Find and circle the word.

should	take	take	when
take	dance	make	take
take	how	arrow	good

Trace and write the word.

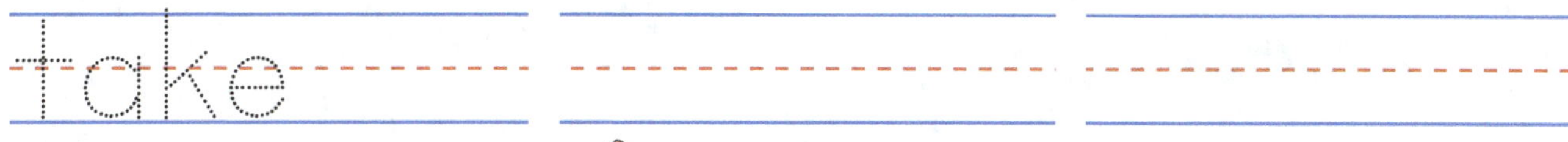

take

Color the word 

take

Cut and paste the word.

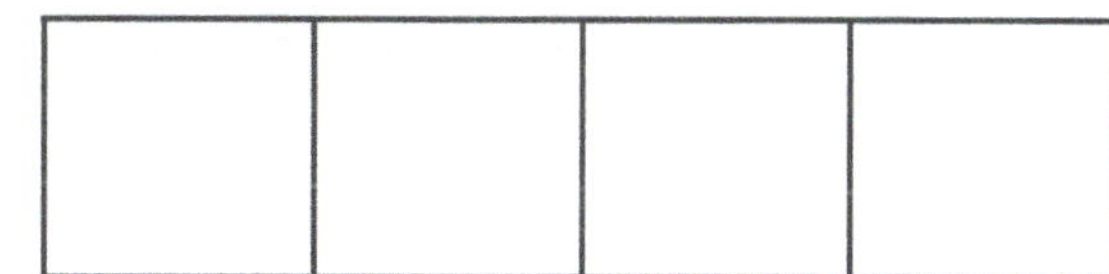

Find and circle the word.

there	would	from	arrow
from	dance	from	from
arrow	then	from	look

Trace and write the word.

from

Color the word 

from

Cut and paste the word.

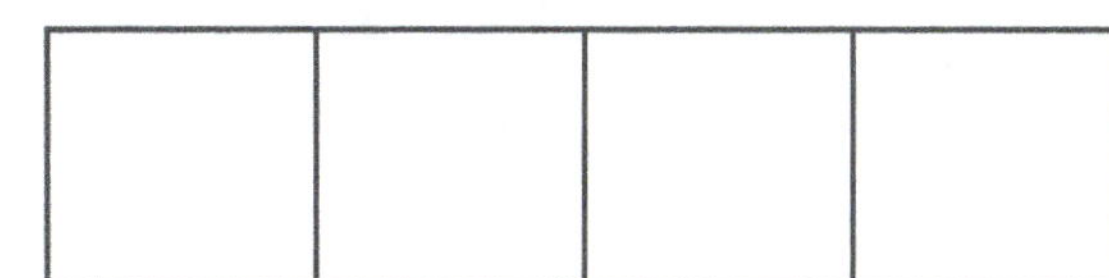

For Cutting Purposes Only

fun

Find and circle the word.

dance	when	island	dance
fun	fun	fun	fun
fun	how	fun	fun

Trace and write the word.

fun

Color the word 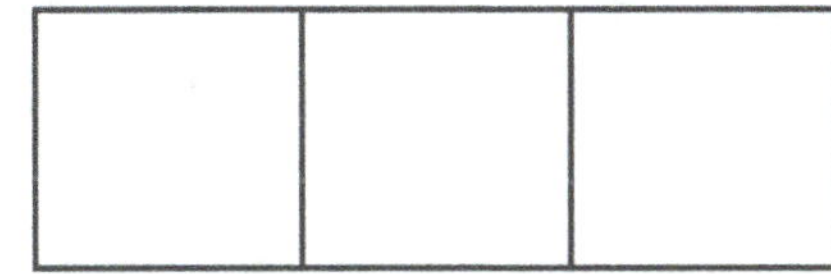

Cut and paste the word.

U	F	N

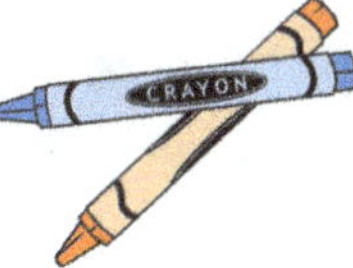

 live

Find and circle the word.

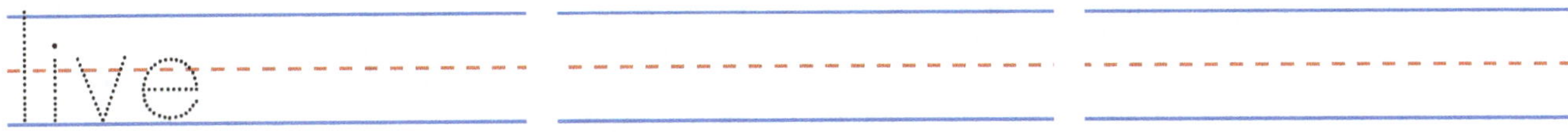

was	with	live	dance
live	live	island	live
oval	there	live	live

Trace and write the word.

live

Color the word 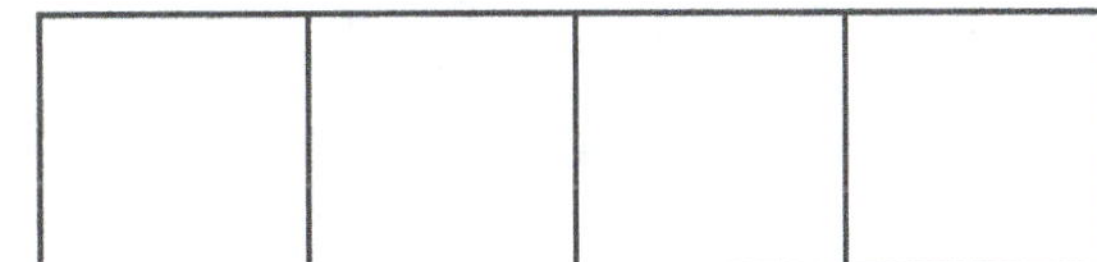

Cut and paste the word.

For Cutting Purposes Only

gone

Find and circle the word.

gone	would	gone	gone
arrow	gone	good	gone
how	flower	gone	gone

Trace and write the word.

gone

Color the word 

Cut and paste the word.

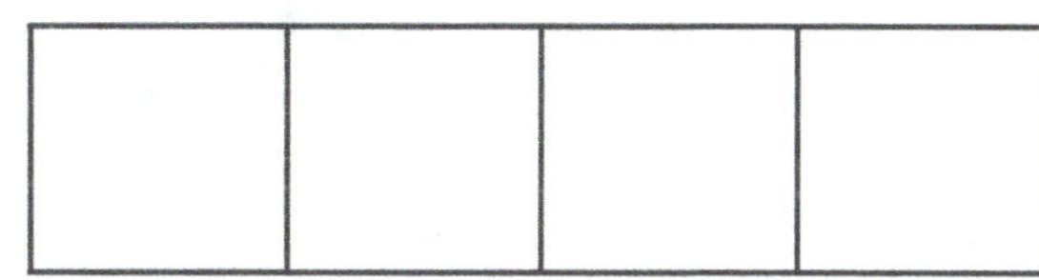

Find and circle the word.

have	been	been	been
been	been	then	been
island	how	been	better

Trace and write the word.

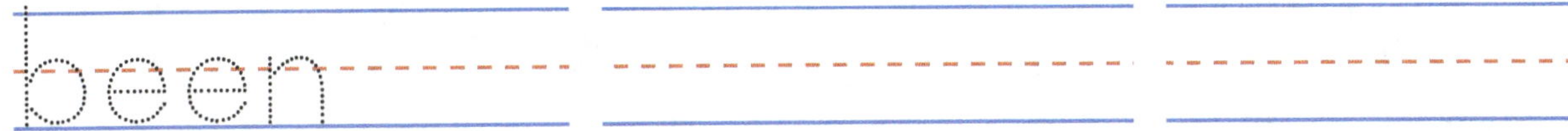

Color the word 

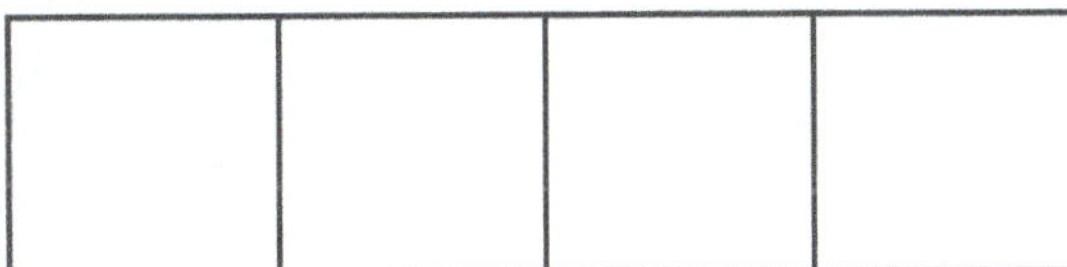

been

Cut and paste the word.

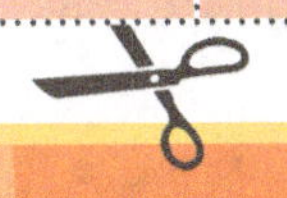

E	N	E	B

walk

Find and circle the word.

that	unwind	walk	walk
group	walk	shop	walk
would	him	walk	unwind

Trace and write the word.

Color the word 

walk

Cut and paste the word.

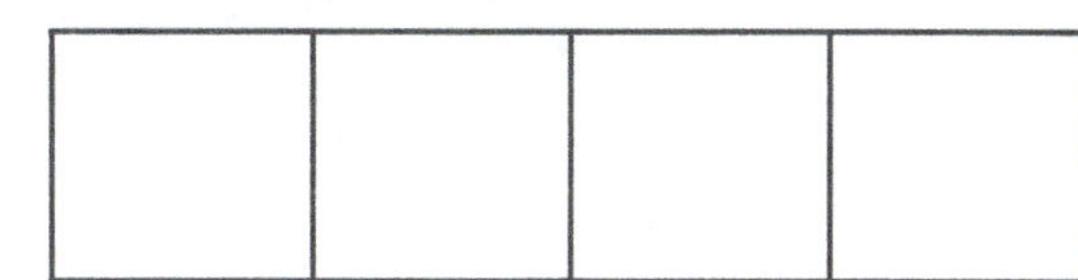

For Cutting Purposes Only

eat

Find and circle the word.

group	eat	eat	eat
eat	short	bag	than
breeze	how	eat	much

Trace and write the word.

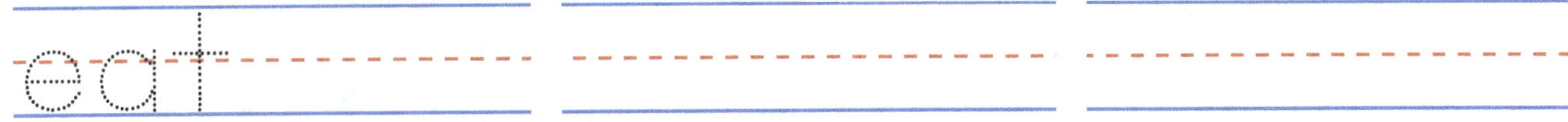

Color the word 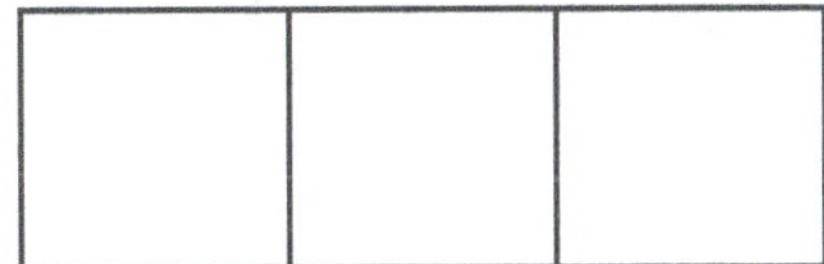

Cut and paste the word.

read

Find and circle the word.

group	read	read	read
read	better	bag	how
breeze	should	read	dance

Trace and write the word.

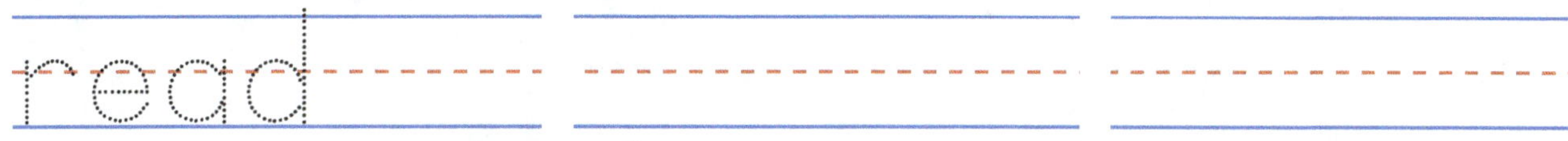

read

Color the word 

read

Cut and paste the word.

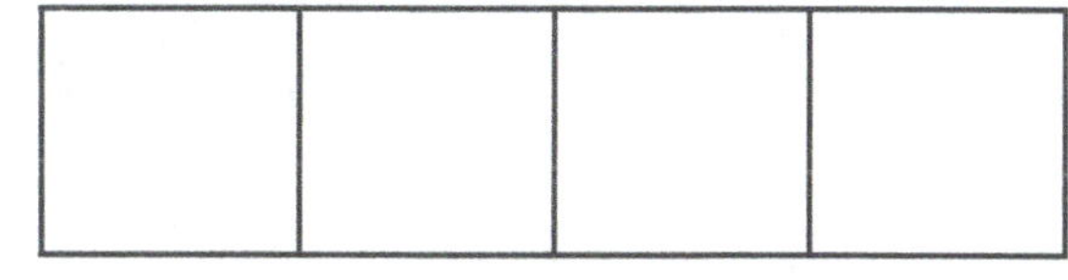

can

Find and circle the word.

Trace and write the word.

can

Color the word 

Cut and paste the word.

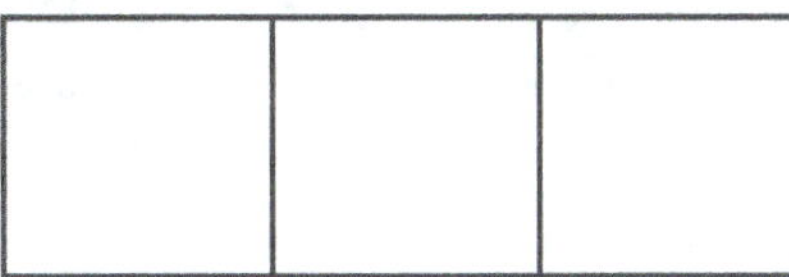

SIGHT WORDS
SET 3

come

Find the word **COME**.

F	I	L	C	O	M	E	R	Q	B
G	M	N	C	O	P	Z	X	V	P
I	H	N	P	O	M	N	L	C	H
C	G	V	P	C	M	E	R	O	C
A	F	D	C	C	O	E	G	Y	J
P	T	W	O	P	K	M	P	C	N
K	I	C	M	C	B	N	E	L	S
P	U	W	E	Z	O	Y	G	E	W
A	J	R	K	M	J	M	V	U	O
R	Z	R	U	T	X	B	E	N	E

PRACTICE WRITING

come

come

come

come

come

come

like

Find the word **LIKE**.

V	X	U	M	L	I	K	E	Q	K
M	Z	M	A	A	P	V	U	A	I
H	W	B	J	E	H	B	P	G	H
S	T	T	D	P	C	L	R	M	T
R	L	C	L	Y	L	R	I	M	Q
L	Z	X	I	V	L	R	P	K	K
C	I	Y	K	N	L	I	G	B	E
X	O	K	E	V	E	I	K	G	I
R	T	F	E	J	K	Y	K	E	Y
J	B	I	W	F	Y	Q	S	E	S

PRACTICE WRITING

like

like

like

like

like

like

when

Find the word **WHEN**.

O	W	B	T	C	J	P	I	B	X
X	W	H	P	D	C	B	N	I	N
A	H	O	E	F	E	G	P	W	Q
V	E	W	L	N	P	I	F	H	U
Y	N	M	Z	S	I	V	G	E	W
B	H	U	H	W	H	E	N	N	J
C	V	W	H	E	N	L	Q	Y	F
S	E	U	F	R	I	M	C	G	N
E	T	S	W	H	E	N	S	C	R
R	D	I	E	M	G	D	M	X	J

PRACTICE WRITING

when

when

when

when

when

when

make

Find the word MAKE.

B	X	D	D	M	M	A	K	W	L
H	T	O	I	W	G	A	Z	H	M
I	M	H	G	T	Q	C	K	Z	A
P	A	W	M	C	S	K	Q	E	D
D	K	X	T	A	W	K	N	N	Y
M	E	V	U	J	K	Z	U	V	S
A	L	M	A	K	E	E	D	S	Q
K	Y	Z	L	H	H	B	D	L	L
E	N	U	S	W	C	L	F	Z	M
C	X	Z	U	M	A	K	E	J	L

PRACTICE WRITING

make

make

make

make

make

make

have

Find the word **HAVE**.

J	O	H	G	I	E	H	S	W	Y
H	M	A	K	T	L	A	A	N	I
A	O	V	R	K	F	V	C	V	K
V	Z	E	Z	B	Z	E	A	C	E
E	M	O	P	E	Z	T	S	V	R
B	U	L	Q	N	T	H	R	B	C
W	Q	H	A	V	E	A	Y	J	Z
Z	R	K	L	R	E	V	K	M	G
I	C	F	I	I	H	E	K	Z	T
S	R	M	W	Y	P	O	R	H	X

PRACTICE WRITING

have

have

have

have

have

have

were

Find the word **WERE**.

Z	T	W	E	R	E	V	D	F	F
D	F	B	W	X	J	G	C	W	U
V	V	X	E	S	M	K	J	E	I
K	X	G	R	W	E	R	E	B	B
U	W	X	E	E	D	T	O	K	U
M	W	E	R	K	B	Q	Q	D	B
N	E	A	R	T	G	K	R	H	W
S	R	S	B	E	Q	O	M	S	E
I	E	Z	C	E	G	Z	E	D	R
J	I	J	B	I	F	H	L	T	E

PRACTICE WRITING

were

were

were

were

were

were

there

Find the word **THERE**.

T	T	H	E	R	E	V	M	O	F
H	T	I	P	T	R	T	J	H	J
E	R	U	F	Q	H	H	J	K	X
R	T	Z	Z	A	C	E	W	M	J
E	W	L	N	J	N	R	R	G	V
V	P	F	T	W	Z	E	T	E	S
L	Y	A	H	P	B	N	H	A	W
G	I	N	E	Y	W	U	E	B	B
U	J	S	R	T	K	M	R	E	E
Z	U	C	E	V	Z	Q	E	L	M

PRACTICE WRITING

there

there

there

there

there

there

your

Find the word **YOUR**.

C	Y	G	G	O	O	D	X	Z	Q
E	R	N	B	G	Y	F	K	T	S
Z	G	H	B	I	O	E	M	X	M
P	J	O	I	Q	V	O	R	R	Q
G	Q	G	O	G	C	N	D	U	F
G	A	O	K	D	O	R	I	N	S
O	B	O	N	Y	R	O	Q	G	V
O	Q	D	F	C	F	Q	D	F	L
D	Q	O	R	Z	I	Z	V	L	S
P	I	F	Y	U	G	R	Q	W	Y

PRACTICE WRITING

your

your

your

your

your

your

find

Find the word **FIND**.

M	T	E	S	A	T	G	B	D	H
Z	F	X	W	A	G	O	F	D	K
F	I	F	K	L	K	N	I	D	Y
I	N	I	V	D	O	O	N	E	F
N	D	N	Z	W	B	V	D	I	I
D	K	D	J	W	V	F	N	D	N
N	O	V	K	Z	S	I	N	T	D
U	S	C	S	T	Z	Q	G	X	X
E	F	I	N	D	S	X	D	L	X
B	N	Q	X	R	I	F	W	I	X

PRACTICE WRITING

find

find

find

find

find

find

good

Find the word **GOOD**.

C	Y	G	G	O	O	D	X	Z	Q
E	R	N	B	G	Y	F	K	T	S
Z	G	H	B	I	O	E	M	X	M
P	J	O	I	Q	V	O	R	R	Q
G	Q	G	O	G	C	N	D	U	F
G	A	O	K	D	O	R	I	N	S
O	B	O	N	Y	R	O	Q	G	V
O	Q	D	F	C	F	Q	D	F	L
D	Q	O	R	Z	I	Z	V	L	S
P	I	F	Y	U	G	R	Q	W	Y

PRACTICE WRITING

good

good

good

good

good

good

look

Find the word **LOOK**.

Q	U	S	L	O	O	K	C	S	Z
P	X	R	D	D	P	B	J	D	S
Q	B	Q	S	L	M	W	T	O	V
N	P	T	D	Q	O	S	J	M	N
A	Q	H	Q	D	L	O	U	N	Z
X	H	J	L	O	O	K	K	U	M
L	O	O	K	I	O	L	W	A	W
R	J	F	T	A	K	E	H	E	J
V	T	A	L	T	L	O	O	K	C
O	J	N	L	Z	Y	V	F	N	Z

PRACTICE WRITING

look

look

look

look

look

look

WORD SEARCH ANSWERS

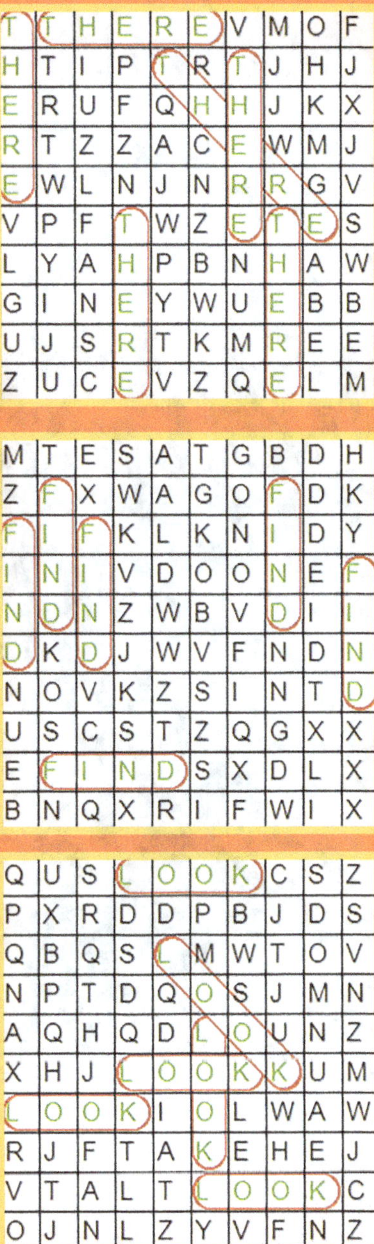

Visit
BABY PROFESSOR
EDUCATION KIDS
www.BabyProfessorBooks.com
to download Free Baby Professor eBooks
and view our catalog of new and exciting
Children's Books

www.ingramcontent.com/pod-product-compliance
Lightning Source LLC
Chambersburg PA
CBHW081315150726
48001CB00021B/2831